LA LETTRE MYSTÉRIEUSE

Rédacteur : Fabienne Baujault Borresen
Illustrations : Jette Svane

Lenia Major
La lettre mystérieuse
Teen Readers, Niveau 1

Rédacteurs de série :
Ulla Malmmose et
Charlotte Bistrup

Copyright © Rageot-Editeur – Paris 2006
Copyright © 2008, EASY READERS, Copenhagen
- a subsidiary of Lindhardt og Ringhof Forlag A/S,
an Egmont company.

ISBN Danemark 978-87-23-90610-6
www.easyreaders.eu

The CEFR levels stated on the back of the book
are approximate levels.

Easy Readers EGMONT

Imprimé au Danemark par
Sangill Grafisk, Holme Olstrup

Biographie de l'auteur

Déposée en 1971 par une cigogne au pays des pommes, la verte Normandie, Lenia Major vit aujourd'hui au pays des cigognes, la blanche Alsace. Elle a sympathisé avec un clavier d'ordinateur lors de l'écriture de sa thèse de pharmacie. Mais aujourd'hui, elle continue à chatouiller ses touches pour raconter des histoires plus drôles aux enfants. Les personnages comme Eva, qui n'entrent pas dans un moule, sont ses préférés.

Allez donc sur son site www.leniamajor.com pour mieux la connaître !

Table des matières

Chapitre 1 : Surprise, une lettre *5*

Chapitre 2 : Un mystérieux admirateur *8*

Chapitre 3 : Julien ? Impossible ! *13*

Chapitre 4 : Romain le génie est amoureux ? *16*

Chapitre 5 : Une blague d´Enzo et de Matthias ? *18*

Chapitre 6 : Le coup de foudre de Charlie *22*

Chapitre 7 : Anselme, amoureux modèle ? *25*

Chapitre 8 : Margot est jalouse ? *27*

Chapitre 9 : Marie s´inquiète *29*

Chapitre 10 : Paul le tyran *32*

Chapitre 11 : Gaëtan le dessinateur ? *36*

Chapitre 12 : Pas assez disciplinée pour François *38*

Chapitre 13 : Yaniss, la star du cirque *39*

Chapitre 14 : Pas de petit copain, mais une amie *40*

Chapitre 15 : Le cours génial *44*

Chapitre 16 : Le casier boîte aux lettres *46*

Chapitre 17 : Génial, une lettre ! *48*

Le système scolaire français *49*

Activités *50-53*

1
Surprise, une lettre !

Vendredi matin - 8h25 devant l´école :
– A ce soir Eva, travaille bien et bonne journée !
- Oui maman. A ce soir.
C´est le dernier jour de la semaine. J´ai seulement quelques heures de français avec Madame Duhéron, deux *récrés*, déjeuner à la cantine, cours de géographie et le GENIAL cours d´informatique.

Je pense déjà au week-end. Demain, je vais passer la matinée au lit, j´adore ça!

Dans la cour de l´école – je vais tout de suite vers ma copine Marie. Je lui fais la bise.
- Bonjour, tu vas bien ?
- Oui ça va, et toi ? demande Marie.
- Bien merci. Super, c´est bientôt le week-end !
- Oui, on se voit demain ?
- Oui, d´accord.

Nous arrêtons notre conversation quand la cloche sonne. Il faut vite se mettre en rang parce que notre professeur principale n´est pas patiente du tout. Il faut se dépêcher, sinon, direction le bureau du directeur !

---

une récré, une récréation

Pourquoi, nous, les enfants, on doit toujours interrompre nos conversations quand les adultes nous le demandent, alors qu'eux, ils ne faut pas les déranger dans leur activité ou leur conversation. C'est un peu injuste je trouve ! Bon, j'arrête de *râler*. Je ne vais pas perdre mon temps à me plaindre.

Nous nous rangeons deux par deux devant la classe. D'abord Romain et Yaniss, Charlie et Margot, puis Marie et moi. Derrière nous, il y a Enzo et Matthias et les autres élèves de la classe.

Je vais à ma place et vide mon cartable dans mon *casier*. Il est super ordonné, mon casier : à droite les livres et le dictionnaire, à gauche les cahiers d'exercices et le classeur de leçons et devant les trousses de feutres et de crayons de couleur. C'est bizarre, parce qu'à la maison, ma mère se plaint toujours que mes affaires traînent partout dans ma chambre.

Sur mon livre de français, il y a une *enveloppe* jaune. Dessus, c'est écrit « EVA », au feutre rouge. Qu'est-ce que c'est ? Je crois d'abord que c'est une feuille d'infos de l'école, mais très vite, je vois que les autres n'ont pas d'envelop-

| *râler*, protester

pe. Je suis la seule dans la classe. Je l'ouvre donc discrètement – le papier sent très bon. Vous ne pouvez pas imaginer ce que je trouve à l'intérieur :

5 *Eva, tu es une fille super chouette.*
Est-ce que tu veux sortir avec moi ?
Réponds-moi avant ce soir.

En bas de la lettre, la signature est *illisible*.

Je suis si surprise que je m'affale sur ma chai-
10 se. Le *couvercle* de mon casier se rabat bruyamment et la lettre tombe par terre.

2
Un mystérieux admirateur

- Eva ! Tu ne peux pas faire un peu attention ? dit madame Duhéron en colère.
- Pardon madame, je ne l'ai pas fait exprès.
15 Je suis toute confuse. Je dois vous avouer que c'est la première fois que je reçois une lettre d'amour !

Je reçois bien du courrier de temps en temps.

---

illisible, qu'on ne peut pas lire
couvercle, voir ill. p. 7

Mes grands-parents m'envoient des cartes postales de leurs vacances ou un cadeau quand j'ai eu un super bulletin. Et mon parrain m'envoie toujours des cartes marrantes pour mon anni-
5 versaire. Mais les messages d'amour dans ma boîte à lettres sont aussi rares que les billets de vingt euros dans ma *tirelire* !

Je ne suis pas comme Margot. Elle, elle a l'habitude d'avoir des petits copains et des
10 admirateurs qui lui écrivent des lettres et lui envoient des sms. Il faut dire que Margot et moi, c'est le jour et la nuit. Elle est très branchée mode : jeans à paillettes, *minijupes*, *collants fantaisie*, *barrettes* dans ses longs cheveux
15 blonds et *chaussures roses vernies*. Elle a tellement de vêtements que son *armoire* doit être plus grande que ma chambre !

En plus, elle flirte avec les garçons. Elle rit quand ils font des *blagues*.
20 Moi, je trouve que ça fait bête, mais ça

---

une tirelire, tu mets l'argent que tu veux économiser dans une tirelire
minijupe, voir ill. p. 9
collant fantaisie, voir ill. p. 9
barrette, voir ill. p. 9
chaussures vernies, voir ill. p. 9
une armoire, meuble où tu mets tes vêtements
une blague, une petite histoire amusante ou une farce

marche ! Apparemment, les garçons aiment ce genre de filles.

Moi, je porte des jeans troués et des pulls démodés. Je ne regarde pas les garçons avec insistance et je ne ris que quand leurs blagues sont vraiment drôles. Je fais plutôt garçon avec mes grandes jambes et mes cheveux courts. Et en plus, je porte des lunettes !

Alors qui veut sortir avec moi ? Qui veut « Eva la girafe » comme petite copine ?

Je ne peux malheureusement pas lire la signature. Je connais bien le parfum du papier à lettres mais je ne me souviens pas où je l´ai déjà respiré. Zut de zut !
Il faut absolument que je trouve qui a déposé cette lettre dans mon casier. Mais comment faire ?

Je ne peux pas montrer la lettre à toute la classe en demandant qui l´a écrite ?
C´est trop bête. Ça les ferait trop rigoler.

Je pourrais dire, comme l´hôtesse d´un supermarché : « Cher client de 6e B., nous vous signalons qu´une lettre a été perdue au rayon livres de mademoiselle Eva. Le propriétaire de cette lettre est invité à se présenter au service clients. »

Bon d´accord, je sais, ce n´est pas une super idée...

Il y a neuf garçons dans la classe. Je vais parler discrètement avec eux l'un après l'autre pour retrouver mon *admirateur* secret.

Si j´étais détective, je pourrais relever des *empreintes* sur l´enveloppe. Si j´étais cow-boy, je pourrais les menacer avec mon *lasso* et mes *pistolets*. Si j´étais *sorcière*, je leur ferais boire une *potion magique*. Mais voilà, je ne suis ni détective, ni cow-boy, ni sorcière, je ne suis qu´une fille de 12 ans ...

Je dois me dépêcher parce qu´il veut une réponse avant ce soir. Je me demande bien pourquoi il est si pressé. Peut-être parce qu´il est très amoureux ?...

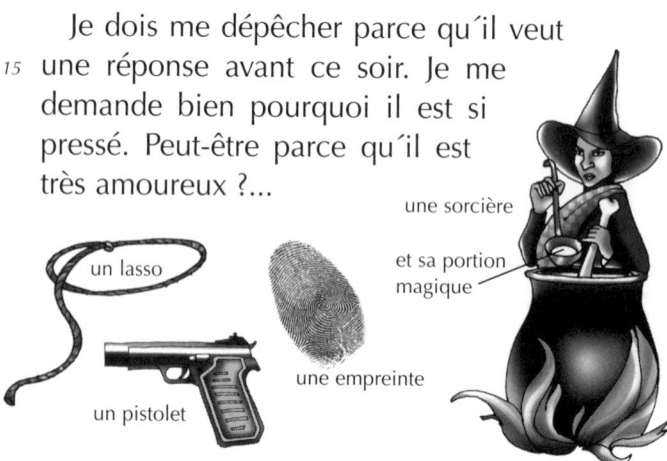

un lasso

un pistolet

une empreinte

une sorcière et sa portion magique

| *mon admirateur*, le garçon qui est amoureux d´Eva

3
Julien ? Impossible !

Je voudrais tellement que cette lettre soit signée « Julien », mais ce n´est pas possible car Julien est dans une autre classe. Il n´a donc pas pu déposer la lettre dans mon casier.

Je vois Julien en cours d´informatique chaque vendredi. On s´entend très bien. C´est un vrai copain. Nous avons passé deux ans dans la même classe, en CE2 et CM1. Il m´a appris à faire des avions en papier et moi, je l´ai aidé à écrire des poèmes pour la Fête des Mères. Nous nous sommes retrouvés cette année au collège, mais lui est en 6e A et moi en 6e B.

Il est arrivé en France quand il avait cinq ans. Avant, il vivait en Ukraine. Ses parents, qui sont français, sont allés là-bas et l´ont adopté. Il a un an de retard parce qu´il a redoublé son CP pour apprendre le français.

Il m´a appris quelques mots en russe. Je sais dire bonjour **zdravstvouitié**, au revoir **dosvidania**, s´il vous plaît **pajalousta** et merci **spaciba**. C´est un début et c´est rigolo, vous ne trouvez pas ?

Il me parle souvent de sa vie à l'*orphelinat*, des personnes qui s'occupaient de lui et de ses copains qui vivent maintenant dans d'autres pays. Je ne pose pas trop de questions car ça le
⁵ rend triste d'en parler.

Julien est vraiment super. Il est intelligent et plein d'humour, et en plus, il est beau, beau...vous ne pouvez pas vous imaginer ! Son vrai prénom, que ses parents ont gardé comme
¹⁰ deuxième prénom, c'est « Feofan » . Ça signifie apparition de Dieu en russe. Ça lui va très bien parce qu'*il est beau comme un ange* !

Julien est plus grand que moi et il a un an de plus que moi. Ses cheveux sont blonds, coupés
¹⁵ *en brosse*. Il a les yeux bleus clair et des *taches de rousseur* très pâles sur le nez. Et puis, il a quelque chose en plus. Un jour en CM1, il a chanté une chanson en russe devant la classe. Il était très concentré et avait les yeux fermés.
²⁰ Dans la classe, c'était le silence total. Puis, on a tous *applaudi* très fort. J'avais les larmes aux yeux. C'était tellement beau ! Puis, Julien a souri et a salué son public. J'ai compris, ce jour-là,

---

un orphelinat, centre pour les enfants qui n'ont plus leurs parents
il est beau comme un ange, il est très très beau
applaudir, on applaudit quand quelqu'un a bien chanté

qu'il y avait le Julien gai et amusant de France et le Julien, triste orphelin d'Ukraine.

C'est mon meilleur copain, et lui, il m'aime comme une bonne copine, mais pas plus.
5   Bon, je vais commencer à chercher l'auteur du message. C'est obligatoirement un des neuf garçons de la classe : Romain, Enzo, Matthias, Charlie, Anselme, Paul, Gaëtan, François ou Yaniss.

4
Romain le génie est amoureux ?

10   Nous sommes en classe et depuis une heure, Romain mon voisin de gauche me regarde et me fait des signes. Qu'est-ce qu'il veut ? Il veut peut-être m'expliquer qu'il est *l'auteur de la lettre* !
15   Ah non, pas lui ! Romain est plutôt mignon, ce n'est pas le problème. Il est même sympa et serviable. C'est le génie de la classe. Il est super *calé* en tout. Les profs lui donnent des exercices supplémentaires sinon il s'ennuie en cours.
20   En plus, il n'est pas prétentieux du tout. Au

l'auteur de la lettre, celui qui a écrit la lettre
calé, doué

contraire, il essaie toujours de nous aider et de souffler les solutions. C´est un vrai copain.

Je l´aime bien mais je ne veux pas être sa petite copine. Vous voulez savoir pourquoi ?

Le problème avec Romain, c´est qu´il n´a pas d´humour du tout. Tiens, prenez par exemple la blague : monsieur et madame Célère ont un fils... Jacques bien sûr ! J´accélère ! Elle est marrante, non ? Moi, ça me fait pleurer de rire, alors que Romain lui, il sourit poliment.

Vous comprenez bien que que je ne peux pas sortir avec un garçon qui n´est pas drôle du tout.

Je lui chuchote :
- Je suis désolée, mais c´est non. Je t´aime bien, mais ce n´est pas possible.
- Qu´est-ce que tu dis ? Qu´est-ce qui n´est pas possible ?
- Ben, tu sais, la lettre...
- La lettre, quelle lettre ?
- La lettre que tu as déposée dans mon casier ?
- Mais je n´ai pas mis de lettre dans ton casier. Elle parle de quoi ?

Zut, ce n´est pas lui. Vite, il faut que j´invente une histoire.

- Excuse-moi, je croyais que c´était toi. Bof, c´est rien, euh... juste une invitation pour un spectacle de danse classique. Tu sais, moi la danse... Mais pourquoi tu me fais des signes ?

- Tu as une grosse *tache d'encre* sur le front !

La prof nous interrompt et me demande d'aller me laver le visage.

Bon, il me reste huit gar-
5 çons à interroger. J'aurais dû me douter que ce n'était pas Romain. Il a trop de chiffres dans la tête pour penser aux filles !

une tache d'encre

5
Une blague d'Enzo et de Matthias ?

10 Je vais me laver le visage et retourne en classe. J'ai décidé d'aller parler à Enzo et Matthias à la récré. Ces deux-là, *ils sont inséparables*. Je vais donc les affronter ensemble. C'est peut-être eux qui ont écrit cette lettre ! Ils font tellement
15 de blagues !

Ils sont les meilleurs accrocheurs de *poissons le 1er avril*. L'année dernière, par exemple, monsieur Lion, le directeur de l'école s'est baladé toute la journée avec, dans le dos, un

ils sont inséparables, ils sont toujours ensemble
le poisson d'avril, Le 1er avril, c'est le jour des farces et les enfants accrochent le plus discrètement possible des poissons en papier dans le dos des personnes qu'ils veulent taquiner

requin rose aux dents coloriées en noir. C′était très amusant à voir !

Ils sont aussi les champions du *poil à gratter,* et je peux vous dire, que quand ils en mettent sous votre tee-shirt, ce n′est pas rigolo du tout !

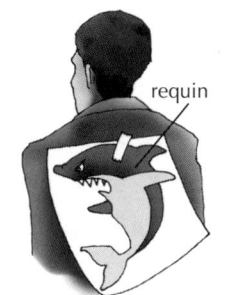
requin

En hiver, ils adorent cacher des araignées en plastique dans le bonnet des filles. On entend alors les filles crier dans les vestiaires :

- Enzo, Matthias ! Y en a marre de vous !

Une de leurs farces préférées, c′est de distribuer des bonbons au poivre et des chewings-gums qui laissent la langue bleue. C′est vraiment dégoutant !

C′est enfin l′heure de la récré. Je préviens Marie que j′ai *un truc* à régler.

Dans la cour d′école – Enzo et Matthias derrière un gros arbre.

- Dites donc, vous deux ! Vous me prenez pour une *gourde*, ou quoi ?

---

le poil à *gratter*, graine de plantes qui fait qu′on se gratte quand elle est en contact avec la peau
un truc, quelque chose
une gourde, une idiote

Enzo et Matthias se regardent puis répondent étonnés :
- Hein ? de quoi tu parles ?
- Je sais que c´est vous.
- OK, c´est nous, avoue Matthias.
- Et vous pensiez que j´allais croire votre histoire ?
- Quelle histoire ? demande Enzo.
- Je ne vois pas le rapport avec ton *agenda*, dit Matthias.
- Mon agenda ? Maintenant, c´est moi qui suis surprise.

Je ne comprends plus rien. Mon agenda était dans mon cartable, la lettre était dans mon casier. Quel est le lien entre les deux ?

un agenda

- Ton agenda, on l´a caché sous les ballons dans le vestiaire.
- C´était juste pour rire ! ajoute Enzo.

Je suis *ébahie*. Ils ont volé mon agenda quand je suis sortie me laver le visage.

- Vous commencez à m´énerver sérieusement. Et la lettre dans mon casier ce matin. Ce n´est pas vous qui l´avez écrite, peut-être ?
- La lettre, quelle lettre ? demande Matthias surpris.

| *ébahi (e)*, très surpris(e)

- Une lettre d'amour, peut-être ? dit Enzo en ricanant.

- Est-ce que j'ai une tête à recevoir des lettres d'amour ? dis-je *en colère*.

- Ben ... pas trop, répondent-ils ensemble.

- Merci pour le compliment, c'est sympa !

en colère

Je m'en vais un peu *vexée*. En fait, je ne crois pas qu'ils sont les auteurs de cette lettre parce qu'elle ne contient pas de fautes d'orthographe.

Eux, ils auraient écrit :

> *Eva, tu est une fille super chouete.*
> *Veut tu sortir avec moi ?*
> *Répon moi avant se soire.*

J'exagère un peu, mais vous savez, ils sont nuls en orthographe !

Zut, si ce n'est ni Enzo ni Matthias, ça veut dire qu'il y a un garçon de la classe qui est vraiment amoureux de moi ? C'est peut-être Charlie ! Non, pas possible, il a déjà le cœur pris, mais pas par moi...

---

vexée, pas contente du tout de la remarque qu'ils ont faite

6
Le coup de foudre de Charlie

Pour trouver Charlie, c´est très simple, il faut chercher Margot, facile à repérer avec ses *fringues* originales.

Charlie est fou amoureux d´elle. Dès le premier jour au collège, il *a eu le coup de foudre* pour Margot. Il ne la quitte pas des yeux. Il lui envoie des sms et lui offre sans cesse des petits cadeaux.

Il est prêt à tout pour elle. Il est *son serviteur* dévoué.

Et tout ça, pour quoi ? Un merci par ci, un sourire par là, c´est tout.

Car, même si Charlie a de très beaux yeux verts, Margot ne le trouve pas assez bien pour elle. Car voilà, il n´est pas habillé à la dernière mode. Ses vêtements ont déjà été portés par son grand frère et son sac à dos n´est pas neuf non plus.

Eh Margot, ouvre les yeux ! Charlie c´est comme un cadeau : oublie l'emballage, tu verras qu'il est super à l'intérieur !

---

fringues, f. pl. vêtements
avoir le coup de foudre, tomber amoureux
son serviteur, il est à son service

Je suis presque sûre que ce n'est pas lui qui a écrit la lettre et je vais vite vérifier.

- Charlie, je peux te demander quelque chose ?
- Bien sûr.
- A ton avis, quelle est la fille la plus chouette de la classe ? C'est pour un sondage.
- Tu es fâchée si je ne te choisis pas ?
- Mais non, voyons, je m'en doutais, tu sais !
- Ben, je pense que c'est Margot.

Voilà, pour ma lettre, c'est réglé, ce n'est pas Charlie.

- Ce n'est pas une surprise.
- Ça se voit tant que je suis amoureux de Margot ?
- Euh oui... mais apparemment elle, elle ne le voit pas.
- J'essaie pourtant d'attirer son attention, mais rien ne marche.
- C'est parce que tu n'emploies pas la bonne méthode. Tu es trop gentil avec elle. Si tu veux qu'elle te remarque, il faut que tu la rendes jalouse.
- Ah, oui et comment ?
- Tu fais semblant d'être un peu amoureux de moi et de ne plus t'intéresser à elle.
- Tu es sûre ?
- Je suis dans la même classe que Margot depuis la maternelle, je la connais par cœur.

Donc, tu l'ignores en classe et tu ne lui parles pas avant ce soir.
- C'est que...
- Allez, vas-y. Prends ma main et embrasse-moi sur la joue.

Charlie hésite un peu et finalement il obéit. Margot voit la scène et *reste bouche bée*.
- Je te parie qu'elle va très vite venir te parler. Mais n'oublie pas. Pas un regard vers elle !
- D'accord, Eva, je vais essayer...

Avant de partir, j'envoie un baiser en direction de Charlie. Margot me regarde méchamment. Il y a peut-être de l'espoir pour lui. Tant mieux. Bon, il me reste cinq garçons.

7
Anselme, amoureux modèle ?

Le garçon suivant est Anselme. Anselme, c'est un prénom que je ne connaissais pas avant. Ses frères et sœurs ont eux aussi des prénoms assez originaux. Anselme est un garçon qui ne fait pas de bruit et qui n'embête pas les filles. Il est poli, doux et timide. Il est si sage que les professeurs l'oublient presque en classe.

---

rester bouche bée, être très surpris(e)

Je ne pense pas qu'Anselme oserait m'écrire une lettre d'amour. Je dois lui faire peur avec mes grands gestes et ma grosse voix. D'un autre côté, il est si timide qu'il a peut-être préféré m'avouer son amour par écrit. Qui sait ? Je vais lui demander, on ne sait jamais.

- Anselme, je peux te demander quelque chose ?
- Bien sûr Eva, je t'en prie.
- Est-ce que tu as par hasard déposé une lettre dans mon casier ?

Remarquez comme je parle poliment !
- Non Eva, si j'avais quelque chose pour toi, je te le *donnerais en main propre*, dit Anselme à voix basse en regardant le bout de ses chaussures.
- C'est bien ce que je pensais. Merci beaucoup.

Il n'est pas curieux de savoir ce qu'il y a dans la lettre. Il est très bien élevé. Moi, j'aurais posé mille questions !

Bon, j'ai presque éliminé la moitié de mes suspects.

| *donner en main propre*, donner directement à la personne

8
Margot est jalouse ?

Depuis le début de la récré, j'ai parlé à cinq des admirateurs de Margot et en plus, j'ai embrassé son fidèle serviteur. Margot n'apprécie pas trop. Elle s'approche de moi avec un *sourire mielleux*.

- Salut Eva, dit-elle. Ce sourire indique qu'elle veut me demander quelque chose, rien de plus.

- Salut Cruella ! C'est le surnom que je lui ai donné depuis qu'elle porte *un manteau blanc à taches noires*, très à la mode paraît-il. Son surnom fait rire la classe entière.

- Ça va Eva ?

- Oui. Qu'est-ce que tu me veux ?

- Euh, c'est à dire que... Tu disais quoi aux garçons ? Et pourquoi il t'a embrassée, Charlie ?
Elle a l'air jaloux. Charlie va être content. Mon plan fonctionne.

- J'invite les garçons à une fête. *Mensonge numéro un !*

- Ah, je peux venir ?

- Non, c'est une fête réservée aux garçons. *Mensonge numéro deux !*

---

un sourire mielleux, un sourire faux
un manteau blanc à taches noires, voir ill. p. 9
un mensonge, dire quelque chose qui n'est pas vrai

- Tu y seras bien, toi, il n´y aura pas que des garçons.

- C´est sûr. Mais c´est MA fête, il n´y aura pas d´autres filles.

- Les garçons m´aiment bien, surtout Charlie. Je suis sûre qu´ils aimeraient que je vienne !

- Ah oui, tu crois ça. Et bien on va leur demander.

Le hasard fait bien les choses et Julien passe près de nous à ce moment-là.

- Hé Julien, salut !

- Salut Eva, me répond-il en souriant. Hou la la, son sourire, ses dents blanches, ses yeux, je craque ! STOP.

- Julien, on a une question à te poser. Tu as deux minutes ?

- Bien sûr, pour toi j´ai tout mon temps, Eva !

Margot fait des grands sourires à Julien. Elle ne se rend pas compte qu´elle est ridicule et qu´elle perd son temps ? Il s´adresse à moi sans la regarder. Elle est *verte de jalousie*.

- Si tu étais invité à une fête entre garçons, est-ce que tu aimerais que Margot vienne ?

- Non alors ! Qu´est-ce qu´on ferait avec elle ? Elle n´aime ni le foot ni la Formule 1. Et moi, la mode, tu sais, c´est pas mon truc.

Margot est passée du vert au rouge.

| *verte de jalousie,* très jalouse

- Espèce *d'andouilles* ! S'écrie-t-elle en colère et va retrouver ses copines.

Julien et moi éclatons de rire.

- Au fait, pourquoi tu me demandais ça ?
- Pour rien, elle m'énervait alors j'ai inventé une histoire pour la rendre jalouse. T'as été génial. Merci.
- Il n'y a pas de quoi.
- Bon, il faut que j'y aille, j'ai un truc à régler. A *cet aprem*, en informatique.
- OK, à tout à l'heure.

Il est super Julien, vous ne trouvez pas ? Il a de l'humour, et en plus il n'aime pas Margot. La cloche sonne. Fin de la récré et je ne sais toujours rien.

9
Marie s'inquiète

La fin de la matinée a passé très vite. C'est maintenant l'heure du déjeuner et j'ai une faim de loup. En général, la bouffe de la cantine n'est pas trop mauvaise. Ce n'est peut-être pas aussi bon que le poulet-frites de ma grand-mère, mais c'est bien meilleur que la soupe à la citrouille

---

une andouille, une personne stupide
cet aprem, cet après-midi

de ma mère. Aujourd´hui, il y a des lasagnes : super, j´adore ça !

Marie et moi nous nous asseyons à une table libre :

- Tu as réglé ton « truc », Eva ? me demande Marie.

J´hésite à tout lui raconter.

- Pas vraiment, non... mais j´aurai terminé ce soir.

- Ah...

Je vois bien que mon silence *fait de la peine* à Marie. D´habitude, on se raconte tout.

On a toujours plein d´histoires à partager. On s´envoie plein de sms et on se voit très souvent en dehors de l´école. On s´est rencontrées le premier jour de l´école en maternelle, et depuis, on ne s´est plus quittées.

- Je t´explique tout ce soir, d´accord ?
- OK, mais ...
- Mais quoi ?
- Oh, rien.
- Mais si, dis-moi, qu´est-ce qu´il y a ?
- Je t´ai vue discuter avec Margot à la récré. J´ai pensé que tu voulais être sa copine et que tu me *laissais tomber* ? Tu veux être sa copine ?
- Ça va pas, non ? Tu sais quoi ?
- Non ?

---

fait de la peine, rend triste
si tu laisses tomber un ami, c'est que tu ne t´intéresses plus à lui

- Et bien je serai copine avec Margot le jour où Madame Duhéron nous expliquera la grammaire sur un air de rap.

Marie rit, soulagée.

- Ce n'est pas près d'arriver !
- Je me dépêche, à plus tard.
- Bonne chance, ciao !

Quand je sors de la cantine je remarque que Charlie parle et rit avec ses copains et que Margot est assise toute seule sans son serviteur. Je suis méchante. Le cœur de Margot bat peut-être pour Charlie. Et moi, est-ce qu'il y a un cœur qui bat pour moi ?

10
Paul le tyran

Ce n'est pas facile de parler à Paul. Je vous ai déjà parlé d'Enzo et de Matthias qui m'énervent souvent, mais ils sont drôles quand même. Paul, lui, est mille fois pire. Il n'est pas blagueur du tout, il est carrément méchant. Il pousse les filles à la récré et leur fait des *croche-pieds*.

un croche-pied

Il ne s'attaque pas aux élèves des classes supérieures car *il est froussard*. Mais il prend nos téléphones portables et lit nos sms, colle des chewing-gums dans nos cheveux et écrit des idioties dans nos cahiers. Il est très gamin.

Si c'est lui qui a écrit la lettre, ce n'est pas parce qu'il m'aime ! C'est parce qu'il veut se moquer de moi. Il croit que je vais montrer la lettre à toute la classe et me vanter d'avoir un petit copain et ensuite il va dire qu'il en est l'auteur et m'humilier. Comme je suis très grande, il n'ose pas s'attaquer physiquement à moi et il a trouvé ce moyen pour me blesser.

Je le vois dans la cour en train de traîner avec un groupe de filles. Je m'approche de lui discrètement et je crie bien fort :

- BOUH, surprise !

Il pousse un cri aigu. Les élèves autour éclatent de rire.

- Ça va pas la tête ? dit-il.

- Si, très bien, banane, merci ! Et si tu veux savoir, ma réponse c'est NOOOOOOOON !

- T'es complètement *zinzin* ! Pourquoi tu me dis non comme ça ?

- Je veux pas savoir. Tu vas arrêter de nous embêter, les copains et moi. Sinon, ça va chauf-

il est froussard, il a peur
zinzin, fou

fer pour toi. C'EST BIEN COMPRIS ? Et maintenant, tu dégages !

Il recule et renverse Margot qui assiste à la scène.

- Pousse toi la poupée Barbie ! lui dit Paul.

Charlie intervient aussitôt.

- Dis-donc espèce d'*impoli*. Tu vas t'excuser auprès de Margot.

Paul, effrayé, répond :

- Pardon.

- Plus fort ! Elle ne t'a pas entendu.

- J'm'excuse.

- C'est bon. Mais n'appelle plus jamais MA copine, « poupée barbie » Compris ? dit Charlie sur un ton menaçant.

Paul s'en va.

Charlie, le courageux sauveur aide Margot à se relever. Elle lui sourit. Il est son héros. Charlie le serviteur est maintenant Charlie le *chevalier*.

- Bien joué Eva, me dit un garçon dans la cour.

Je sens que je suis toute rouge. Quelle journée ! J'ai ridiculisé Paul, Charlie est heureux et Margot a trouvé son chevalier. En tout cas, ce n'est pas Paul qui a écrit la lettre. Il était trop surpris quand je lui ai crié « non » dans les oreilles. Mais qui est-ce alors ?

impoli, pas poli
un chevalier, un prince

11
Gaëtan le dessinateur ?

Premier cours de l´après-midi : géographie. Mon septième suspect est Gaëtan. Gaëtan est une énigme. Il est à part et passe tout son temps dans sa bulle, une bulle de BD. C´est que Gaë-
5 tan a le don du dessin et il a un ami : son crayon. Il dessine tout le temps et partout, et ses dessins sont souvent plus beaux, plus colorés et plus vivants que la réalité.

Vivement la récré. Je vais l´interroger et je
10 vais peut-être résoudre le mystère de la lettre. Enfin, ça sonne !

Quelques minutes plus tard, je me dirige vers Gaëtan qui est en train de dessiner un oiseau. La lettre ne peut pas venir de lui. Lui, il aurait
15 ajouté un dessin. Mais je dois vérifier.

- Salut Gaëtan!
- Salut dit-il sans me regarder et continue son dessin.
- J´ai une question.
20 - Hum.

D´accord, je vois que je le passionne...

- C´est toi qui a mis une enveloppe dans mon casier ce matin ?
- Hum, possible.
25 Ah, ben ça alors ! Gaëtan, NON, pas possible !

- Ça me gêne un peu, tu sais.

Gaëtan me regarde enfin, l´air surpris.

- Attends, je regarde dans mon carnet. Tu as certainement passé une commande mais je ne vois pas ton nom sur ma liste. C´était quoi, déjà ?

- Une commande ! Gaëtan pense que je lui ai passé une commande et qu´il l´a déposée dans mon casier. Il faut que je vous explique : Gaëtan est connu dans l´école et il fait des portraits, des caricatures etc... à ceux qui lui demandent. En échange, on lui donne des crayons et des BD.

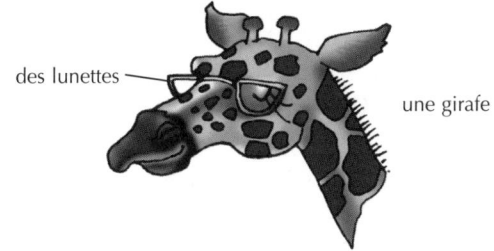

des lunettes

une girafe

Ouf, je suis sauvée. Il n´est pas mon admirateur. Je lui fais une bise.

- Hé, tu peux pas payer en m´embrassant !

- Je n´ai rien commandé. C´est une erreur. Laisse tomber. Ciao !

En partant, je regarde le croquis de Gaëtan. Il ne représente pas un oiseau mais une *girafe à lunettes*. Qui a bien pu l´inspirer ?...

12
Pas assez disciplinée pour François

François est l'avant-dernier garçon sur ma liste. Il est trèèès sérieux et trèèès responsable. C'est toujours lui qui distribue les *circulaires* dans la classe. Il ne parle que de paix et d'amitié dans le monde et surtout dans la classe. Il est très *sympa*, mais je trouve qu'il en fait un peu trop. Je l'appelle :

- François, je peux te parler un instant ?
- Bien sûr, Eva, qu'est-ce que je peux faire pour toi ?
- Euh voilà, j'ai rangé mon casier et je crois que j'ai jeté une enveloppe que tu as déposée ce matin.
- J'ai juste distribué l'info sur la *kermesse*, mais c'était la semaine dernière. Si tu l'as perdue, je vais t'en donner une autre.
- Non, non, je l'ai celle-là : J'ai dû rêver. Excuse-moi.
- Je t'en prie.

Merci, merci François de ne pas être mon admirateur. Tu es trop bien gentil et discipliné pour moi. Bon, il me reste un *suspect*.

> *une circulaire*, une feuille d'informations pour la classe
> *sympa*, gentil
> *la kermesse*, la fête de l'école
> *un suspect*, la personne qui est peut-être l'auteur de la lettre, les neuf garçons sont des suspects

13
Yaniss, la star du cirque

En vous racontant tout cela, je me rends compte que nous formons une drôle de classe. Pauvre Madame Duhéron, ça doit être difficile quelquefois de travailler avec nous. Le neuvième et dernier garçon de ma classe s'appelle Yaniss. C'est l'*otarie* de la classe car *il fait toujours des pitreries* et il est toujours de bonne humeur. Plus tard, il voudrait être artiste de cirque. Il a tous les talents pour ce métier. Il *jongle* très bien et nous fait mourir de rire avec ses histoires drôles. Quand on est tristes, il sait comment faire pour nous remonter le moral.

une otarie

il jongle

Mais je ne crois pas que Yaniss ait envie de sortir avec moi. Je vais quand même vérifier. Je le trouve en train de lire une BD.

| *il fait des pitreries*, il fait le clown

- Elle est bien ta BD ?
- Super *marrante*. Je te la prête quand j'ai fini si tu veux.
- Oui je veux bien. A propos de lecture, tu n'as pas déposé une lettre dans mon casier ce matin ?
- Non. En plus, ce matin, je suis arrivé en retard.

Bon, ce n'est pas lui. Malheureusement, Yaniss n'est pas *magicien*. Sinon, d'un coup de *baguette magique*, il pourrait faire sortir mon amoureux mystérieux de son chapeau... J'ai interrogé tous les garçons de ma classe sans obtenir de résultat. J'ai rêvé ou quoi ?

un magicien

une baguette magique

14
Pas de petit copain, mais une amie !

J'ai décidé de tout expliquer à Marie. On réfléchit mieux quand on est deux et elle va certainement me remonter le moral.

marrant(e), amusant(e)

- Oh là là, Eva, qu'est-ce qui ne va pas ?
- Pfff ! J'en ai marre. Je n'arrive à rien. Je vais te raconter ce qui se passe. Mais c'est un secret, ok ?
- Promis, juré !
- Voilà, regarde ce que j'ai trouvé dans mon casier ce matin.

Je sors la lettre de ma poche et la lui montre. Marie la lit et dit en souriant :
- *Veinarde* ! Tu lui as répondu ?
- C'est ça le problème. Je ne sais pas qui l'a écrite. Regarde, la signature est illisible.
- Tiens, c'est vrai, tu as raison.
- J'ai questionné tous les garçons de la classe et rien.
- Maintenant, je comprends mieux pourquoi tu as crié « non » dans les oreilles de Paul. Mais comment faire pour donner ta réponse si tu ne sais pas qui c'est ? Tu peux écrire NON sur ton sweat. J'ai des gros feutres si tu veux.
- C'est ça ! Et tu expliques à ma mère pourquoi j'abîme mes vêtements.
- J'ai une idée. Cueille une pâquerette. Tu l'effeuilles et tu dis : il m'aime, un peu, beaucoup, à la folie, passionnément, pas du tout. Si tu tombes sur pas du tout, c'est une farce, sinon,

---

veinarde, tu as de la chance !

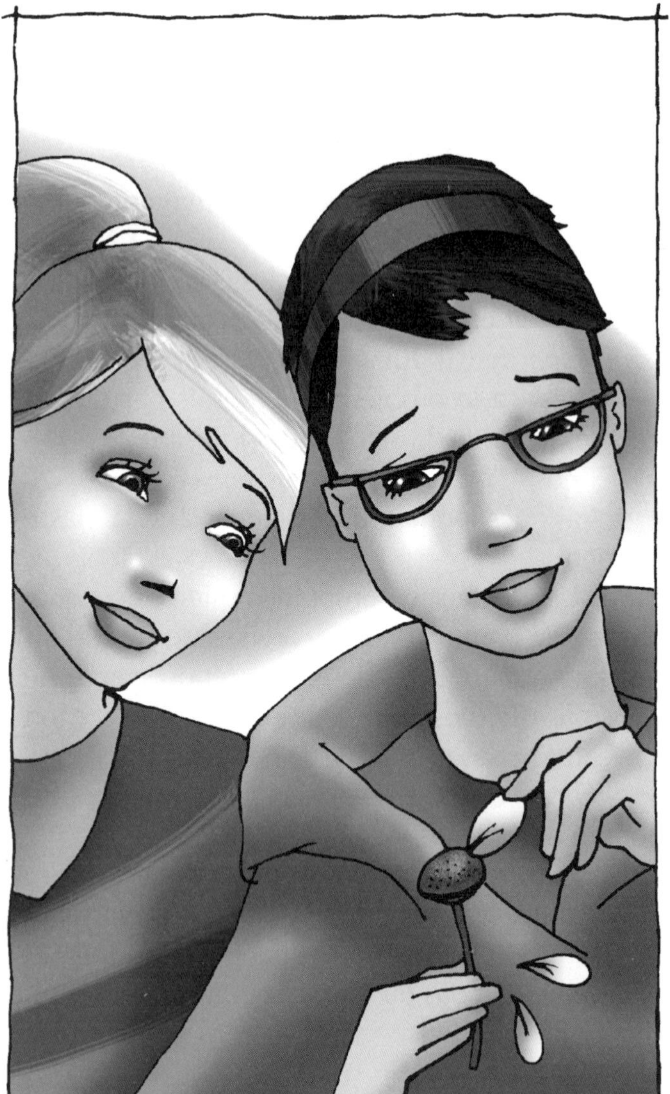

c'est vrai.

- Je n'y crois pas trop, mais je veux bien essayer.

Je cueille une pâquerette et commence à l'effeuiller :

- Il m'aime un peu, beaucoup... pas du tout, il m'aime un peu, beaucoup.

- Tu vois, c'est beaucoup, c'est donc pas une blague, dit Marie.

- Hmmmm, peut-être. Mais tu sais bien, toi, qui je voudrais comme petit copain, mais ça ne peut pas être lui, malheureusement.

- Ah, le beau Julien !

- Ce qui me surprend le plus, c'est que ce n'est pas toi qui a reçu la lettre ? Tu es super mignonne avec tes cheveux longs, tes grands yeux bleus. Tu es trop belle ! Alors que moi avec mes cheveux courts, mes grandes jambes et mes lunettes, je fais très garçon.

- Mais non, tu es jolie, toi aussi. La preuve, un garçon t'a remarquée. Moi, je n'ai jamais reçu de lettre d'amour !

- Et puis zut, ça m'agace tout ça. Viens, on va faire un tour.

15
Le cours génial

15h30 - cours d'informatique

C'est l'heure fantastique, l'heure "julien-nique"! Nous voilà Julien et moi, assis côte à côte, devant l'écran de notre ordinateur. Au programme aujourd'hui : powerpoint.

- Vous avez tous ouvert le programme ? demande Arnaud le prof.
- Oui, oui, lance-t-on en chœur.
- Chacun va écrire une phrase où les mots seront placés dans le désordre. Chaque mot sera écrit dans une *police*, une taille et une couleur différente. Votre voisin doit deviner la phrase et la recopier dans l'ordre.

Julien écrit une phrase qui s'affiche sur l'écran en plusieurs couleurs et en plusieurs polices. On dirait un arc-en-ciel !

- Merci Julien ! Tu ne pouvais pas faire plus compliqué ?

Je lis attentivement sa phrase. Les mots « lettre » et « réponse » attirent mon attention. Pas possible, c'est une coïncidence. J'essaie de remettre les mots dans l'ordre. Pas si facile que ça. Eh, arrêtez de vous moquer, elle est longue sa phrase !

une police, Times New Roman, Verdana, Arial sont des polices

Bingo ! « Quelle est ta réponse à ma lettre, as-tu réfléchi ? ».

Je recopie la phrase et Julien la lit.

- Et ta réponse est ? demande-t-il ?

Je tape : Tu veux parler de la lettre qui était dans mon casier ce matin ?

Je réalise soudain que le parfum de la lettre que je n´arrivais pas à reconnaître est celui de son déodorant. *Quelle nouille* je fais, j´aurais pu y penser plus tôt.

- « OUI » apparaît sur l´écran.
- Si c´est une blague, elle n´est pas drôle.
- Ce n´est PAS une blague. T´es super mignonne et super sympa. Je voudrais sortir avec toi.

Je deviens de plus en plus rouge et je le regarde d´un air ébahi.

- C´est OUI ! Je croyais que tu m´aimais juste comme une copine.
- Moi, pareil !
- Vous avez fini, demande Arnaud en passant ?
- Oui, Eva a donné la bonne réponse, dit Julien.

Je souris. Je suis la seule à comprendre le double sens de sa phrase.

---

quelle nouille, que je suis bête !

16
Le casier boîte aux lettres

Le reste du cours, j´ai beaucoup de mal à me concentrer. Mon cœur bat très vite et mes doigts tremblent sur le clavier.

Julien prend ma main et nous sortons de la classe. Je lui demande :

- Comment as-tu déposé la lettre dans mon casier ce matin ?

- Je ne l´ai pas déposée ce matin, mais hier soir pendant *l´étude*. Je fais mes devoirs à ta place tous les soirs.

- Ah, l´étude, j´avais complètement oublié ! Mais quelle drôle de signature tu as !

- J´ai écrit Feodan en *cyrillique*.

- Ah voilà pourquoi je n´arrivais pas à la lire !

- Il faudra être discret. Imagine les réflexions des autres !

- Tu sais les autres, ça m´est égal !

Julien m´embrasse sur la bouche. Je suis la fille la plus heureuse de l´univers.

On s´embrasse une nouvelle fois. Le week-end va être très long... Je vais l´inviter très bientôt chez moi. J´ai très envie de le voir en dehors de l´école.

Marie m´attend devant le parking. Elle va être drôlement surprise quand je vais lui raconter tout ça!

l´étude, on peut faire ses devoirs pendant l´étude
cyrillique, on utilise l´alphabet cyrillique en Ukraine

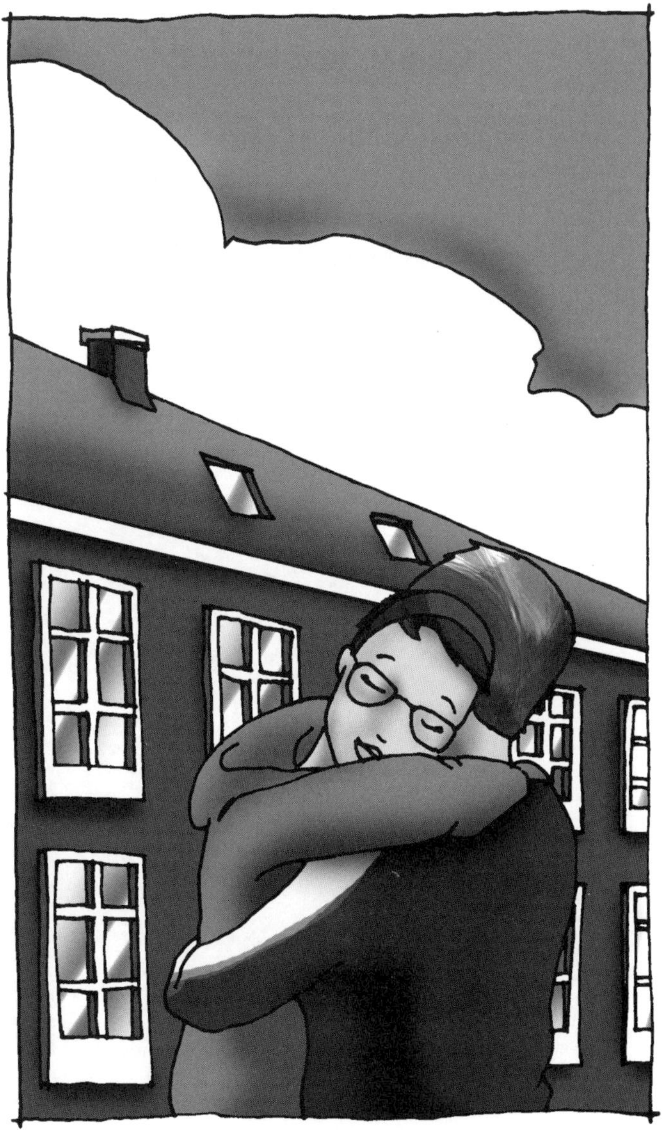

17
Génial, une lettre !

Mardi matin - 8h30 - en classe.

Mon cœur bat un peu vite. J'ouvre mon casier : il y a une lettre. Au feutre sont dessinées trois lettres que je ne connais pas, mais je devine qu'elles veulent dire « Eva ». Quoi ? Vous voulez savoir ce qui est écrit dans la lettre ? Curieux ! Hors de question !

Il y a des journées qui commencent super bien ! Elle est pas belle la vie ?

Le système scolaire français

L´école maternelle
La toute petite section ou TPS   2-3 ans
La petite section ou PS   3-4 ans
La moyenne section ou MS   4-5 ans
La grande section ou GS   5-6 ans

L´école primaire
Le cours préparatoire ou CP   6-7 ans
Le cours élémentaire niveau 1 ou CE1 7-8 ans
Le cours élémentaire niveau 2 ou CE2 8-9 ans
Le cours moyen niveau 1 ou CM1   9-10 ans
Le cours moyen niveau 2 ou CM2   10-11 ans

Le collège
La sixième   11-12 ans
La cinquième   12-13 ans
La quatrième   13-14 ans
La troisième   14-15 ans

Activité 1 : Questions de compréhension

- Quelle est la réaction d'Eva quand elle lit la lettre qu'elle a trouvée dans son casier ?
- Pourquoi est-ce qu'elle ne peut pas répondre à la lettre ?
- Qu'est-ce qu'elle décide donc de faire ?
- Eva a un surnom : « Eva la girafe » Pourquoi ce surnom ?
- De quel pays Julien est-il originaire ?
- Est-ce que Romain est fort en classe ?
- Qu'est-ce qu'Enzo et Matthias ont fait le 1er avril l'an dernier?
- Charlie est amoureux de quelle fille ?
- Qu'est-ce qu'Eva propose à Charlie de faire ?
- Pourquoi est-ce que Margot est jalouse ?
- Qui est Marie ?
- Pourquoi est-elle inquiète ?
- Il est sympa Paul avec les autres élèves?
- Qu'est-ce que Gaëtan passe son temps à faire ?
- Quels sont les talents de Yaniss ?
- Eva ne comprend pas pourquoi c'est elle et pas Marie qui a reçu la lettre. Explique pourquoi ?
- A quelle heure est le dernier cours de la semaine ?
- Est-ce que l'histoire finit bien ?

Activité 2 : Relie A et B. Attention ! parfois, il y a deux ou trois réponses possibles

	A		B
1.	Julien	a.	blagueur
2.	Romain	b.	beau
3.	Enzo	c.	intelligent
4.	Matthias	d.	talentueux
5.	Charlie	e.	méchant
6.	Anselme	f.	sérieux
7.	Paul	g.	drôle
8.	Gaëtan	h.	amoureux
9.	François	i.	timide
10.	Yaniss	j.	discipliné

Activité 3 : Vrai ou faux ?

vrai	faux	
☐	☐	Eva est en classe de CM2
☐	☐	Julien a un an de moins qu'Eva
☐	☐	Margot s'intéresse beaucoup à la mode
☐	☐	Romain est nul en maths
☐	☐	Enzo et Matthias sont des garçons très sérieux

☐	☐	Marie est la meilleure amie d'Eva
☐	☐	Anselme est très bien élevé
☐	☐	Gaëtan adore dessiner
☐	☐	Yaniss ne lit pas de BD
☐	☐	François n'est pas très drôle

Activité 4 : Fais une description d'un camarade de ta classe

_____

_____

_____

_____

_____

_____

_____

Activité 5 : Travail de groupe

Chaque groupe choisit un chapitre du livre (par exemple ch. 5, 8 ou 10) et mime la scène devant la classe.

Trouvez d'autres activités sur :
www.easyreader.dk

D'autres livres de la série

Christiane Stéfanopoli
Catastrophe au Camping des Roses
Niveau 0
Patrick et Éric sont les meilleurs copains du monde jusqu'au jour où Marie vient au Camping des Roses au bord de l'Isère…

La situation tourne au drame quand une pluie terrible tombe sur la région…

Laurent Jouvet
Radio mystère
Niveau 1
Ombeline et Delphine sont deux sœurs jumelles. Elles gagnent une radio au concours de karaoké du collège. Mais Ludovic n'est pas content : c'est SA radio !

Pourquoi est-ce que Ludovic veut sa radio ? Et qu'est-ce qu'il y a dans la radio ? Ombeline et Delphine vont l'aider. Mais le mystère de Ludovic est dangereux et il va devoir parler à la police…

Jérôme Talou
Parce que je t'aime
Niveau 1
Bruno a quinze ans ; il aime bien les ordinateurs, Internet et tout ce qui est technique. Mais plus que tout, Bruno aime les filles ! Est-ce-que Bruno peut trouver l'amour de sa vie dans un 'site de chat' ?

Sans aucun doute, il va trouver de grandes surprises !

Michel Amelin
Cent vingt minutes pour mourir
Niveau 1
Alice et sa mère, Agathe, sont kidnappées par deux hommes à l'accent étranger… Ils mettent un sac en plastique noir dans le sac à dos d'Alice.

Alice doit placer son sac dans le bureau de son père au ministère. Elle a deux heures ! Sinon, les deux hommes vont tuer Agathe.

Jérôme Talou
L'amour par internet
Niveau 2
Il est de retour ! Bruno Guillard, 'héros' du très célèbre livre 'Parce que je t'aime' est revenu parmi nous. Il est plus âgé, il est plus sage mais il cherche encore et toujours l'amour de sa vie. Dans 'L'amour par internet', Bruno accepte l'assistance de son père (qui a un succès phénoménal avec les femmes) et cette fois il est sûr de trouver la femme de ses rêves. Bien sûr Bruno va, avec son père, vivre beaucoup d'aventures, mais va-t-il trouver ce qu'il cherche ? Réponse dans 'L'amour par internet' !

Brigitte Maria Martel
C'est dingue, ça !
Niveau 3

D'un côté deux copines, Géraldine et Pauline, 15 ans. De l'autre côté deux copains, Nicolas et Bertrand, 15 ans aussi. Ils sont dans la même classe, mais ils n'ont pas vraiment les mêmes passions. Ah ! Ce n'est pas tout à fait correct. Il y a une personne en particulier qui les relie : Charlotte, la fille peu ordinaire de la classe d'à côté. La situation devient intéressante au moment où elle annonce une petite soirée sympa vendredi soir.

La vie n'est pas toujours facile á 15 ans. Par exemple, comment arriver à comprendre les autres si on ne se comprend pas déjà soi-même ?

Hallam et Louveau
Choc des cultures
Niveau 4
Cette année, Pierre a encore déménagé et rentre en seconde dans un lycée de la ville de Saint-Denis. Là, il rencontre Aïcha, une jeune Algérienne, qui se trouve dans la même classe que lui.

Cette rencontre va bouleverser leur vie et les entraîner dans de nombreuses aventures. Car tout s'oppose à leur histoire, il est français, elle est arabe : c'est le choc des cultures.